Manuel Reinhardt

Einsatz von SAP in einem regionalen Versorgungsunternehm
Regulierung und Unbundling

Manuel Reinhardt

Einsatz von SAP in einem regionalen Versorgungsunternehmen unter den Gesichtspunkten Regulierung und Unbundling

GRIN Verlag

Bibliografische Information der Deutschen Nationalbibliothek: Die Deutsche Bibliothek
verzeichnet diese Publikation in der Deutschen Nationalbibliografie; detaillierte bibliografische Daten sind im Internet über http://dnb.d-nb.de/ abrufbar.

1. Auflage 2009
Copyright © 2009 GRIN Verlag
http://www.grin.com/
Druck und Bindung: Books on Demand GmbH, Norderstedt Germany
ISBN 978-3-640-34419-2

Fachhochschule
für Oekonomie & Management
University of Applied Sciences

Berufsbegleitender Studiengang zum
Diplom-Wirtschaftsinformatiker (FH)

5. Semester

Seminararbeit im Schwerpunktfach
Betriebsinformatik I – Integrierte Anwendungssysteme

Einsatz von SAP in einem regionalen Versorgungsunternehmen unter den Gesichtspunkten Regulierung und Unbundling

Name: xxxxxxxxxxxxxxx
Adresse: xxxxxxxxxxxxxxxxxxxxxx
Matrikelnummer: xxxxxxxxxxxxxxx
Eingereicht bei: xxxxxxxxxxxxxxxxxxxxxx
Abgabedatum: 09. Februar 2009

I

Inhaltsverzeichnis

Abkürzungsverzeichnis

ABAP	Advanced Business Application Programming
BNetzA	Bundesnetzagentur
CRM	Customer Relationship Management
EDM	Energiedatenmanagement
EnWG	Energiewirtschaftsgesetz
ERP	Enterprise Resource Planning
EU	Europäische Union
EVU	Energieversorgungsunternehmen
GeLi Gas	Geschäftsprozesse Lieferantenwechsel Gas
GPKE Strom	Geschäftsprozesse zur Kundenbelieferung mit Strom
i.V.m.	in Verbindung mit
IDEX-GE	Intercompany Data Exchange Extended – German Electricity
IDEX-GG	Intercompany Data Exchange Extended – German Gas
Mio.	Millionen
XXX	Xxx Xxx
u.a.	unter anderem
www	World Wide Web

Abbildungsverzeichnis

1. Einführung in das Thema

In der heutigen Zeit ist es für Unternehmen, die sich in einer immer stärker werden-den Wettbewerbssituation befinden, wichtiger denn je, zuverlässige betriebliche Informationssysteme (ERP-Systeme) zu nutzen. Die Vielzahl an Geschäftsprozes-sen und -abläufen in einem Unternehmen, erfordert intern wie extern eine optimale Verbindung aller Organisationseinheiten. Die betrieblichen Informationssysteme haben sich, mit zunehmender Globalisierung, zum Herzstück der IT-Landschaft in diesen Firmen entwickelt.

Die im novellierten Energiewirtschaftsgesetz (EnWG) geforderte Entflechtung von Netzbetrieb und Vertrieb (Unbundling), wird zusammen, mit der Einführung der Regulierung, in den kommenden Jahren die Energiemärkte verändern.[1] Die Bundesnetzagentur (BNetzA) fordert die Trennung von Netz und Vertrieb zur Schaffung eines diskriminierungsfreien Umgangs im Energiemarkt und zur Förde-rung des Wettbewerbs.

Auf diese Herausforderung bereitet sich die xxx GmbH vor. Durch Optimierung der Geschäftsprozesse, gezielter Entwicklung und Weiterbildung der Mitarbeiter sowie der richtigen IT-Landschaft, wird die XXX auch in den kommenden Jahren Erträge aus dem eigenen Netzbetrieb erwirtschaften.

1.1 Motivation

Regulierung und Unbundling gehören seit dem in Kraft treten der zweiten Novelle des Energiewirtschaftsgesetzes (EnWG), am 13.07.2005, zu den Topthemen in Energieversorgungsunternehmen (nachfolgend mit „EVU" abgekürzt). „Im Frühjahr 2005 waren 95 % von 102 befragten Geschäftsführern und Vorständen von Stadt-werken und regionalen Energieversorgungsunternehmen der Meinung, dass sie sich stark oder sehr stark mit „Unbundling" auseinandersetzen werden."[2] Mit Regulierung werden sich 94 % stark oder sehr stark auseinandersetzen.[3] Regulie-rung und Unbundling werden heute und in der Zukunft über den wirtschaftlichen Erfolg von Stadtwerken und regionalen Energieversorgungsunternehmen ent-scheiden. IT-Systeme spielen bei der Umsetzung des neuen Energiewirtschafts-

---

[1] Vgl. Beisheim, C.-E., Edelmann, H. (2006), S. 206.
[2] Edelmann, H. (2006), S. 12.
[3] Vgl. Edelmann, H. (2006), S. 12.

rechts eine entscheidende Rolle. Die XXX gehört zu den betroffenen EVU und setzt SAP ein. Aus diesem Grund wird der Einsatz von SAP in einem regionalen Versorgungsunternehmen unter den Gesichtspunkten Regulierung und Unbundling in dieser Seminararbeit thematisiert.

1.2 Aufgabenstellung

Im Rahmen dieser Seminararbeit ist vorgesehen, das vorhandene SAP-System der XXX aus der Perspektive Regulierung und Unbundling zu untersuchen.

Neben der Definition und der Entstehung eines ERP-Systems soll kurz auf die SAP AG und deren Produkte eingegangen werden. Im Anschluss folgt ein kurzer Überblick zum SAP-Modul für Versorgungswirtschaft sowie die Vorstellung der XXX als regionalen Versorger.

Der derzeitige Einsatz von SAP bei der XXX soll analysiert und geprüft werden. So werden die Auswirkungen auf das IT-System der XXX sichtbar. Ziel der Seminararbeit ist es, festzustellen, ob das derzeit eingesetzte SAP-Modul für Versorgungswirtschaft die optimale Systemlösung für die XXX darstellt, oder ob ein Produktwechsel auf ein anderes ERP-System in Betracht gezogen werden muss, um auch weiterhin erfolgreich am Energiemarkt positioniert zu sein.

1.3 Vorgehensweise

Die vorliegende Arbeit gibt zunächst im Kapitel 2 einen kurzen Einblick in das Thema Enterprise Resource Planning (ERP). Im Kapitel 3 wird die SAP AG als ein Hersteller eines ERP-Systems vorgestellt und es wird speziell auf die Lösung für Versorgungsunternehmen eingegangen. Das darauf folgende Kapitel dient der Vorstellung der XXX als regionales Versorgungsunternehmen und dem Einsatz von SAP in diesem Unternehmen. Als nächstes wird untersucht, wie sich der Einsatz von SAP in der Zukunft bei der XXX entwickeln wird. Im Anschluss wird geprüft, was dies für Auswirkungen auf das IT-System der XXX hat. Die Gesamtbewertung und ein Ausblick auf das zukünftige System schließen die Arbeit ab.

2. Enterprise Resource Planning (ERP)

2.1 Definition

ERP steht für Enterprise Resource Planning. Diese Bezeichnung verwendet man für die unternehmerische Aufgabe, alle im Unternehmen befindlichen Ressourcen so effizient und effektiv wie möglich einzusetzen, um die eigentlichen Geschäftsprozesse optimal zu gestalten. Unter Ressourcen im unternehmerischen Sinn versteht man alle Betriebsmittel wie Personal, Kapital und Produktion bzw. Vertrieb. 2005 haben Hans Robert Hansen und Gustaf Neumann ein ERP-System wie folgt definiert: *„Unter ERP ... versteht man ein aus mehreren Komponenten bestehendes integriertes Anwendungspaket, das die operativen Prozesse in allen wesentlichen betrieblichen Funktionsbereichen unterstützt (Finanz- und Rechnungswesen, Personalwirtschaft, Materialwirtschaft, Produktion, Vertrieb). Die Integration wird dabei von einer zentralen Datenbank getragen, wodurch Datenredundanzen vermieden und integrierte Geschäftsprozesse ermöglicht werden."* [4]

Unternehmen setzen ERP-Systeme also im alltäglichen Geschäftsbetrieb ein, um die vorhanden Ressourcen optimal planen, verwalten und delegieren zu können.[5] ERP-Systeme haben das Ziel, die innerbetrieblichen Geschäftsprozesse darzustellen und zu optimieren. Die Implementierung webbasierender Produkte, mit denen man die Vorteile des World Wide Webs und des Internets nutzen kann, wird in der Zukunft eine große Rolle spielen.

2.2 Entstehung

Die Integration von Informationssystemen erfolgte in mehreren Phasen. 1960 bis Ende 1970 wurden zuerst einzelne Funktionen wie Lagerbestandsführung und Fakturierung automatisiert. 1980 erfolgte eine Ausdehnung auf die gesamten betriebswirtschaftlichen Hauptgebiete wie Einkauf und Produktion. In den Jahren ab 1990 vollzog sich schließlich ein Wandel von der funktionsorientierten zur ablauforientierten Betrachtung. Nicht mehr die Funktionsbereiche standen im Mittelpunkt sondern funktionsbereichsübergreifende Geschäftsprozesse. Die Anwendungen

---

[4] Hansen, H.-R., Neumann, G. (2005), S. 528.
[5] Vgl. Abts, D., Mülder, W. (2002), o.S.

wurden entlang innerbetrieblicher Geschäftsprozesse integriert, was durch daten-
bankbasierte ERP-Standardsoftware ermöglicht wurde. Seit 2000 gewinnen die
Vernetzung von Betrieben und die Automatisierung von betriebsübergreifenden
Prozessen an Bedeutung, welche u.a. durch die Nutzung des Internets (bspw.
Internet-Portale) unterstützt werden (E-Business-Lösungen). Der nächste große
Integrationsschritt wird die Vernetzung der gesamten Wirtschaft sein.[6]

3. Die SAP AG

„Von Walldorf an die Wallstreet."[7] SAP wurde 1972 von fünf IBM-Mitarbeitern in
Walldorf, nahe Heidelberg, gegründet. In den darauf folgenden Jahren entwickelte
sich der regionale Softwarehersteller zum weltweit führenden Anbieter von Unter-
nehmenssoftware. Im Jahr 1988 ging SAP erfolgreich an die Börse und zahlt seit-
dem Dividenden an seine Aktionäre. Die Mitarbeiterzahl liegt aktuell bei 51.400.
Der Jahresumsatz der SAP AG lag 2007 bei 10,24 Milliarden Euro. Derzeit nutzen
mehr als 75.000 Kunden in mehr als 120 Ländern Produkte von SAP. Zu den
Kunden zählen u.a. Daimler, The Coca-Cola Company, eBay, Postbank, Dell,
Deutsche Lufthansa, Adobe Systems und viele weitere bekannte Unternehmen.
Der Marktanteil von SAP unter den „Core Enterprise Applications" Anbietern befin-
det sich im Moment bei etwa 33,7 %. SAP hat sich zum Ziel gesetzt, seine Um-
sätze mit Software und softwarebezogenen Services weiter zu steigern und den
Marktanteil auszubauen.[8]

3.1 Produkte der SAP AG

Die SAP AG bietet nahezu für jede Unternehmensgröße die passende Softwarelö-
sung an. Mit SAP-Software sollen Unternehmen ihr Innovationstempo und die Pro-
duktivität steigern, um ihre Wettbewerbsposition dauerhaft zu verbessern. SAP
entwickelt und optimiert sein Produktportfolio mit Blick auf die Kunden stetig weiter.[9]

---

[6] Vgl. http://einkauf.oesterreich.com/ERP_Workshop_20070307/workshop/20.htm, Stand
08.10.2008.
[7] http://www1.sap.com/germany/about/index.epx, Stand 08.10.2008.
[8] Vgl. SAP auf einen Blick.pdf, Stand 20.12.2008, S. 1.
[9] Vgl. SAP Geschäftsbericht 2007.pdf, Stand 27.10.2008, S. 16.

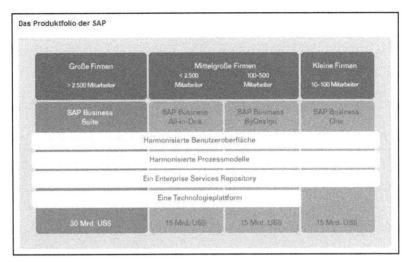

Quelle: Entnommen aus: SAP Geschäftsbericht 2007.pdf, Stand 27.10.2008, S. 17.
Abbildung 1: Produktportfolio der SAP

SAP ERP ist aktuell das Hauptprodukt der SAP AG und wird seit 1993 vertrieben.
Bis Dezember 2003 hieß es SAP R/3 und bis 2007 mySAP ERP. SAP R/3 ist ein
Client-Server-System. Das „R" steht für realtime („Echtzeit") und die „3" für die Anzahl der Schichten (Ebenen), aus denen das System besteht. Der größte Unter-
schied zwischen SAP ERP und SAP R/3 besteht im Aufbau des Systems. SAP
ERP baut auf SAP NetWeaver auf. Integrale Bestandteile des Systems können nun
in ABAP und JAVA implementiert werden und sind nicht mehr direkt miteinander
verknüpft. Sie sind eigenständige Komponenten bzw. Systeme.

3.2 SAP für die Versorgungswirtschaft

SAP R/3 und SAP ERP ist in Module gegliedert, die wiederum dem Aufbau und der
Organisation vieler Unternehmen entsprechen. Alle Module sind eng miteinander
verbunden, so dass eine Änderung an einem Modul Auswirkungen auf ein oder
mehrere andere Module haben kann. Man unterscheidet in der Regel zwischen
dem Modul Finanzwesen, Personalwirtschaft, Logistik und Corporate Services.
Zum Finanzwesen zählen bspw. die Module FI (Finanzwesen), CO (Controlling)
und IM (Investitionsmanagement). Personalwirtschaft beinhaltet die Module PA
(Personalmanagement), PT (Personalzeitwirtschaft), PY (Personalabrechnung) und

PE (Veranstaltungsmanagement). Zu Logistik zählen u.a. die Module MM (Materialwirtschaft), PM (Instandhaltung) und SD (Vertrieb). Corporate Services ist ein Modul für die Themen Umwelt-, Gesundheits- und Arbeitsschutz sowie Immobilien- und Reisemanagement. Neben den vier Gruppen bietet SAP sogenannte anwendungsübergreifende Komponenten an. Hierzu zählt das Modul IS (Branchenlösungen). IS steht für Industry Solution, was wörtlich übersetzt Industrielösung bedeutet. Die Branchenlösung SAP IS-U (SAP for Utilities) ist eine spezielle Lösung von SAP für die Versorgungswirtschaft, die auf die Anforderungen von Elektrizitäts-, Gas- und Wasserversorgungsunternehmen zugeschnitten ist.

4. Einsatz von SAP bei der XXX

4.1 Die XXX als regionaler Versorger

Die xxx GmbH ist ein erfolgreiches. Zu den Hauptaufgaben der xxx gehören die Versorgung der Haushalte in der Region mit Strom, Gas, Wasser und Wärme. Darüber hinaus sorgt das Unternehmen über die Verkehrsbetriebe und Parkhäuser für Mobilität und bietet zudem eine Reihe von technischen und kaufmännischen Dienstleistungen an. Derzeit erzielt die xxx mit 208 Mitarbeitern ein Jahresumsatz von ca. 110 Mio. Euro.[10]

Die xxx deckt die Bereiche Erzeugung, Übertragung, Verteilung und Kundenservice der energiewirtschaftlichen Wertschöpfungskette ab. Hierfür nutzt das Unternehmen u.a. das Produkt SAP R/3 mit folgenden Modulen: SD-Vertrieb, FI-Finanzen, CO-Controlling, HR-Personal, PM-Instandhaltung (über technische Plätze) und MM-Materialwirtschaft. Die Branchenlösung, kurz SAP IS-U genannt, kommt für die Abrechnung sowie für das Geräte- und Forderungsmanagement (Inkasso und Mahnwesen) zum Einsatz.

---

[10] Vgl. http://www.twf-fn.de/, Stand 08.10.2008.

4.2 Regulierung

Mit der Einrichtung der Regulierungsbehörde für den Energiemarkt in Deutschland Ende 2004, reagierte die deutsche Bundesregierung auf den immer größer werdenden Druck der EU den Energiemarkt zu regeln.[11]

„Die Bundesnetzagentur hat die zentrale Aufgabe, für die Einhaltung ... des Energiewirtschaftsgesetzes (EnWG) und ihrer Verordnungen zu sorgen. Damit gewährleistet sie die Liberalisierung und Deregulierung der Märkte ... Energie durch einen diskriminierungsfreien Netzzugang und effiziente Netznutzungsentgelte."[12]

Für Energieversorgungsunternehmen, die weniger als 100.000 Kunden angeschlossen haben und deren Netz innerhalb eines Bundeslandes liegt, ist die Landesregulierungsbehörde zuständig. Die XXX mit rund 33.000 Stromkunden und etwa 12.000 Gaskunden im eigenen Versorgungsgebiet, welches vollständig innerhalb von Baden-Württemberg liegt (siehe Abbildung 3 „Netzkarte der XXX" im Anhang), unterliegt somit der Aufsicht der Landesregulierungsbehörde in Stuttgart. Alle anderen Strom- und Gasnetzbetreiber, wie z.B. die EnBW, werden von der Bundesnetzagentur in Bonn reguliert.[13]

Die Regulierungsbehörde möchte den Netzbetrieb und nicht den Vertrieb regeln. Durch Angebot und Nachfrage auf dem hart umkämpften Energiemarkt, wird der Vertrieb und somit die Preise für Strom und Gas natürlich reguliert. Der Netzbetreiber wird durch die Regulierung verpflichtet einem fremden Vertrieb, sofern dieser ein bekundetes Interesse (Auftrag oder Vertrag muss vorliegen) hat, die gleichen Informationen (Stammdaten, Zählerdaten und Verbrauchsstelle) zur Verfügung zu stellen, wie dem eigenen Vertrieb. Dies ist in kleineren Energieversorgungsunternehmen nur möglich, indem man Vertrieb und Netzbetrieb informatorisch und buchhalterisch trennt. Um diese Aufteilung geht es im nächsten Abschnitt.

4.3 Unbundling

„Unbundling" bedeutet in Deutsch soviel wie „Entbündelung". In Gesetzestexten wie dem EnWG spricht man auch von „Entflechtung". Die Begriffe Entflechtung und Unbundling sind inhaltlich gleich.

---

[11] Vgl. Köhler-Frost, W., Köhler-Schute, C. (2004), S. 14.
[12] http://www.bundesnetzagentur.de „Aufgaben der Bundesnetzagentur", Stand 07.10.2008.
[13] Vgl. http://www.wm.baden-wuerttemberg.de/wir-ueber-uns/101970.html, Stand 07.10.2008.

Das Ziel von Unbundling bzw. der Entflechtung ist die Trennung des Geschäftsbereiches Netzbetrieb von den anderen Geschäftsbereichen der vertikal integrierten Energieversorgungsunternehmen. Bisher waren die Geschäftsbereiche Netzbetrieb, Energieerzeugung und Energievertrieb innerhalb einer rechtlichen Einheit zusammen gefasst. Es gibt nach dem EnWG vier Maßnahmen zur Entflechtung zwischen Netz und Vertrieb:

■ Rechtliche Entflechtung (Legal Unbundling)
■ Organisatorische Entflechtung (Management Unbundling)
■ Informatorische Entflechtung (Trennung von Daten und Informationen)
■ Buchhalterische Entflechtung (getrenntes Rechnungswesen)

Die ersten Regelungen aus den Jahren 1998 und 2003 betreffen das informatorische und buchhalterische Unbundling. Die Vorschriften zur rechtlichen Entflechtung verlangen die Bildung eines rechtlich selbstständigen Netzbetreibers, wobei das Eigentum an den Netzen beim vertikal integrierten EVU verbleiben kann.[14] „Mit der Novelle des EnWG im Jahre 2005 wurde die Verpflichtung zur Desintegration der Wertschöpfungskette der vertikal integrierten EVU weiter verschärft."[15]

Der Begriff „vertikal integrierte Energieversorgungsunternehmen" bekommt eine zentrale Bedeutung. Die Definition findet man im § 3 EnWG. Er wird über drei Ebenen definiert und ist zweifellos schwer verständlich (siehe Abbildung 4 Begriffsbestimmung „vertikal integrierte EVU" im Anhang).

Grundsätzlich sind alle vertikal integrierten EVU verpflichtet, ihr Netz vom Vertrieb rechtlich zu trennen. Davon ausgenommen sind Energieversorgungsunternehmen mit weniger als 100.000 Kunden im eigenen Netzgebiet. Hier greift die sogenannte „de minimis-Regelung" nach § 7 Abs. 2 EnWG. Die XXX ist also nach dieser Regel nicht verpflichtet eine rechtliche Entflechtung durchzuführen. Gleiches gilt nach § 8 Abs. 6 EnWG für die organisatorische Entflechtung. Zur informatorischen und buchhalterischen Entflechtung zwischen Netz und Vertrieb ist die XXX jedoch nach dem EnWG verpflichtet.

„Die Aufbauorganisation – also die Aufteilung eines Unternehmens in Unterbereiche wie z.B. Abteilungen und Stellen, mit einer Zuordnung von Teilaufgaben – ist

---

[14] Vgl. Beisheim, C.-E. (2006), S. 22.
[15] Beisheim, C.-E. (2006), S. 22.

eine Stellgröße, um ein EVU *unbundlingkonform* zu organisieren."[16] Der Netzbereich wird von den restlichen Bereichen des EVU getrennt und ist für die wesentlichen Aufgaben des Netzbereiches zuständig. Auch wenn die Vorschriften zur operationellen Entflechtung nach § 8 EnWG eingehalten werden, erfüllen diese alleine keineswegs automatisch die informatorische Entflechtung im Sinne des § 9 EnWG.[17]

Neben der Untersuchung und Analyse der unbundlingkritischen Geschäftsprozesse ist es notwendig, alle relevanten IT-Systeme, unter den Gesichtspunkten Datenzugriffsmöglichkeit und Datenaustausch, zu analysieren und zu bewerten. Im Rahmen der Untersuchung der IT-Systeme sind in erster Linie die Daten der Netzkunden, im Rahmen der Abrechnung sowie der Kundenakquisition und -betreuung, relevant.

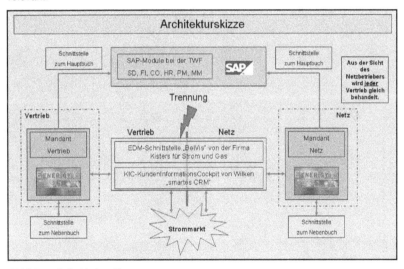

Abbildung 2: Architekturskizze

---

[16] Beisheim, C.-E., Edelmann, H. (2006), S. 143.
[17] Vgl. Beisheim, C.-E., Edelmann, H. (2006), S. 144.

4.3 Auswirkungen auf das IT-System der XXX

„Für die IT wird das informatorische Unbundling – die Trennung der Daten (sichten) zwischen Netzbetrieb und Energievertrieb – mittel- bis langfristig eines der wichtigsten zu erfüllenden Kriterien sein."[18] Für eine Unbundlingkonformität im Sinne des informatorischen und buchhalterischen Unbundling, setzt die Regulierungsbehörde zumindest voraus, dass eine datentechnische Trennung von Netzbetrieb und Vertriebsbereich vorliegt. Die unbundlingkonforme Trennung der Kundendaten zwischen Netz und Vertrieb kann über fünf verschiedene Modelle realisiert werden.

4.3.1 Das „Ein-Vertragsmodell"

Werden sämtliche Kundendaten in einem Vertrag gehalten und gepflegt, so spricht man vom „Ein-Vertragsmodell". Ca. 80 % aller SAP IS-U Installationen in Deutschland arbeiten auf dem „Ein-Vertragsmodell". Hierbei kann die Sicherstellung der informatorischen Entflechtung nach § 9 Abs. 1 EnWG nur über ein Berechtigungskonzept erfolgen. Das „Ein-Vertragsmodell" wird „... übereinstimmend als nicht unbundlingkonform eingestuft, da sämtliche Kriterien für eine Diskriminierung erfüllt werden."[19] (siehe Abbildung 5 „Ein-Vertragsmodell" im Anhang).

4.3.2 Das „Zwei-Vertragsmodell"

Beim „Zwei-Vertragsmodell" führt man für jeden Kunden innerhalb eines Mandanten sowohl einen Netznutzungsvertrag, als auch einen Energieliefervertrag. Die Datenhaltung und –pflege erfolgt gemeinsam. Die buchhalterische Entflechtung wird über die Einrichtung verschiedener Buchungskreise zwischen Vertrieb und Netzbetrieb sichergestellt und entspricht somit den Vorschriften des buchhalterischen Unbundling. Jedoch ist auch dieses Modell auf Grund des Zugriffs des Vertriebs auf Stammdaten und Gerätedaten höchst umstritten und erfüllt die informatorische Entflechtung nicht vollständig (siehe Abbildung 6 „Zwei-Vertragsmodell" im Anhang).

---

[18] Köhler-Frost, W., Köhler-Schute, C. (2004), S. 19.
[19] Beisheim, C.-E., Edelmann, H. (2006), S. 151.

4.3.3 Das „Zwei-Vertragskontenmodell"

Ein weiteres Modell ist das „Zwei-Vertragskontenmodell". Hier werden zu jedem Kunden zwei getrennte Vertragskonten geführt. Eine getrennte Datenhaltung zwischen Netz und Vertrieb ist in diesem Modell grundsätzlich gegeben. Durch die Führung von zwei getrennten Buchungskreisen entspricht das „Zwei-Vertragskontenmodell" ebenfalls, wie auch das „Zwei-Vertragsmodell", der buchhalterischen Entflechtung. Jedoch ist die Ausgestaltung bestimmter Prozesse wie z.b. Umzug oder Lieferantenwechsel für den Fremdlieferanten schwieriger als für den eigenen Vertrieb.

4.3.4 Das „Zwei-Mandanten-/ Systemmodell"

Im „Zwei-Mandantenmodell" erfolgt eine vollständige Trennung aller Daten zwischen Vertrieb und Netzbetrieb, also eine doppelte Datenhaltung, die jedoch einen automatisierten Abgleich der Stamm- und Energiedaten zwischen beiden Mandanten erforderlich macht. Der Vertrieb hat grundsätzlich keinen Zugriff auf die Informationen des Netzbereichs. Somit erfüllt dieses Modell vollständig die Vorgaben der buchhalterischen und informatorischen Entflechtung. Auch die Regulierungsbehörde sieht das „Zwei-Mandantenmodell" als zukunftweisend. Nachteile des Modells sind zusätzliche Kosten, durch die doppelte Datenhaltung, den erhöhten Pflegeaufwand sowie höhere Einführungs- und Lizenzkosten. Durch das doppelte Ausführen von Prozessen und dem größeren Datenvolumen verschlechtert sich die Performance des Systems.[20]

Das „Zwei-Systemmodell" ist das zugleich konsequenteste und kostenintensivste der fünf Modelle. Die Daten werden in diesem Modell physisch vollständig zwischen Netzbereich und Vertriebsbereich getrennt. Die Kosten für das „Zwei-Systemmodell" liegen dadurch noch höher als die des „Zwei-Mandantenmodell", da weitere Hardware- sowie höhere Einführungs-, Pflege- und Betriebskosten anfallen. Dieses Modell erfüllt alle Vorgaben der Regulierungsbehörde, ebenso das „Zwei-Mandantenmodell" (siehe Abbildung 7 „Zwei-Mandanten-/ Systemmodell" im Anhang).

---

[20] Vgl. Beisheim, C.-E., Edelmann, H. (2006), S. 157.

4.3.5 Die Umsetzung in der XXX

Laut einer Studie der Unternehmensberatung A.T. Kearney kommen einmalige Investitionen auf die Energieversorgungsunternehmen von bis zu 1,5 % ihres Jahresumsatzes zu. Die jährlichen Kosten betragen bis zu 0,2 % des Jahresumsatzes.[21]

„Aus Sicht der IT gibt es heute keine Argumente, die Zukunftsplanung hinauszuzögern, zumal eine Regulierungsbehörde erwartungsgemäß Ergebnisse einfordern und überprüfen wird. Unternehmen, die für diese Anforderungen gewappnet sein wollen, bereiten sich bereits heute auf die Umsetzung vor."[22]

Das SAP-System der XXX ist nach dem „Ein-Vertragsmodell" aufgebaut und wird im Moment durch den Vertrieb und den Netzbetrieb über einen Mandanten gleichzeitig genutzt. Dieses Vertragsmodell ist, wie oben beschrieben, nicht unbundlingkonform. Die XXX ist verpflichtet, ihr System so umzustellen, dass alle Vorgaben der Regulierungsbehörde erfüllt werden. Nach zahlreichen Workshops, Meetings und Diskussionen, sind sich die Verantwortlichen darüber einig, bei der Umstellung auf ein unbundlingkonformes „Zwei-Mandatenmodell" zu setzen – „Mandant XXX Netz" und „Mandant XXX Vertrieb". Hierbei sollen auch die Daten der nicht regulierten Sparten Wasser und Wärme zwischen Vertrieb und Netzbetrieb getrennt werden.

4.4 SAP auf dem Prüfstand

Mit SAP for Utilities und den Erweiterungslösungen IDEX-GE und IDEX-GG bietet SAP Produkte an, die die Liberalisierungsanforderungen auf dem deutschen Strom- und Gasmarkt erfüllen.

Ein „Zwei-Mandatenmodell" mit SAP ist nach Meinung von SAP Beratern erst ab mehr als 200.000 Zählpunkten (Zählern) wirtschaftlich zu betreiben. Derzeit hat die XXX insgesamt (interne und externe Kunden) ca. 72.000 Zählpunkte. Das „Zwei-Mandatenmodell" der SAP AG ist unbundlingkonform und erfüllt alle Auflagen und Vorgaben der Bundesnetzagentur.

Die Befürchtung der XXX, dass spätere Anpassungen am SAP-System hohe Kosten zur Folge haben können, zeigen einige Beispiele aus der Vergangenheit.

---

[21] Vgl. www.strom-magazin.de, Stand 23.01.2004.
[22] Köhler-Frost, W., Köhler-Schute, C. (2004), S. 20.

Änderungen sind aufwendig und langwierig. Dadurch steigen die Folgekosten und das System wird auf längere Sicht teuer. Die genauen Kosten für spätere Anpassungen, Änderungen und Erweiterungen können derzeit nicht abgeschätzt werden. Die Projektdauer und die -kosten der Umsetzung, vom jetzigen „Ein-Vertragsmodell" zum zukünftigen „Zwei-Mandatenmodell", haben die XXX dazu bewegt, sich nach verschiedenen Systemen umzuschauen.

Im Rahmen des Auswahlverfahrens für ein neues ERP-System wurde im Unternehmen beschlossen, SAP für den Core-Bereich beizubehalten und vom derzeitigen SAP R/3 (Core-Version 4.6c und IS-U-Version 4.64) auf das SAP-Release ECC 6.0 upzudaten. Die etablierten Prozesse in den Bereichen Finanzen, Controlling, Einkauf und Vertrieb sollen später optimiert werden.

Auf der Suche nach einem anderen System, liegt der Fokus auf Standards, die bereits im System integriert sind und zu einem regionalen Versorgungsunternehmen passen. Durch eine große Anzahl von vordefinierten Funktionen und Standards, erhofft sich die Firma nicht nur geringe Einführungskosten, sondern zukünftig ein kostengünstigeres System als das individuell ausprägbare und zum Betrieb personalintensive SAP-System. Anpassungen, Änderungen und Erweiterungen sollen kostengünstiger, schneller und einfacher möglich sein als im SAP. Für die immer größer werdende Anzahl von Dienstleistungsaufträgen der XXX für externe Kunden muss das neue System gerüstet sein. Externe Kundenwünsche müssen schnell, einfach und kostengünstig in das System integrierbar sein. Zudem sieht die XXX einen Vorteil im „Zwei-Mandatensystem" bei einer möglichen Gesellschaftsgründung (z.B. XXX-Netzgesellschaft), da bereits Strukturen vorhanden sind und die Umstellungskosten geringer ausfallen würden. Auch im Hinblick auf eine mögliche Anpassung bzw. Änderung der „de minimis-Regelung" sowie dem Datenaustausch gemäß GPKE Strom und GeLi Gas, ohne Bevorzugung des eigenen Vertriebs, ist die Einführung eines „Zwei-Mandatensystems" für die XXX im Moment von Vorteil.

Die Technische Werke Friedrichhafen Xxx hat nach eingehender Prüfung zwei Systeme für die engere Auswahl vorgemerkt. kVASy® von der Firma SIV.AG und ENER:GY von der Firma Wilken Xxx. Beide Systeme erfüllen die zukünftigen Anforderungen der XXX und unterstützen die Geschäftsprozesse mit vielen Automatisierungsmöglichkeiten (Stichwort: Workflowsteuerung). Sowohl kVASy® als auch ENER:GY bieten u.a. eine Schnittstelle zu SAP R/3 sowie zur Zählerfernaus-

lese an und sind derzeit bei einer Reihe von kleinen bis mittelgroßen Energieversorgungsunternehmen in Deutschland im Einsatz.

kVASy®

Die SIV.AG beschäftigt derzeit 200 Mitarbeiter und erwirtschaftete 2007 einen Um-
satz von 16,4 Mio. Euro. Aktuell arbeiten 270 Anwender mit Produkten der SIV.AG.
Seit 2008 liegt der Schwerpunkt auf der Umstellung zum „Zwei-Mandaten-
System".[23] kVASy® deckt laut SIV.AG ganzheitlich alle Geschäftsfelder moderner
Versorgungsunternehmen ab. Im kVASy® lassen sich nicht nur die klassischen
Sparten Strom, Wasser und Gas abrechnen sondern auch beliebige Produkte und
Dienstleistungen wie z.b. Telekommunikation und Parkhausgebühren. „kVASy -
Billing vereint mehrere leistungsstarke Module, die in ihrer Funktionsweise den
Anforderungen des liberalisierten Energiemarktes vollständig entsprechen."[24]

ENER:GY

Das Produkt ENER:GY von der Firma Wilken Xxx deckt ebenfalls alle Anforderungen eines Energieversorgers ab und ist derzeit bei über 140 Stadtwerken im
Einsatz.

Die Wilken Xxx erwirtschaftete im Geschäftsjahr 2007 mit seinen rund 250 Mit-
arbeitern 25,2 Mio. Euro Umsatz.[25] Die Software ENER:GY ist eine Komplettlösung
für den Energiemarkt und unterstützt die Anwender in allen Geschäftsbereichen.
Analog zu SAP, ist ENERG:Y in Module gegliedert, wie z.b. Bau- und Auftragsma-
nagement, Energiedatenmanagement und Zählerfernauslese (siehe Abbildung 8
„Wilken ENERG:Y" im Anhang). Es ist möglich, die Zusatzmodule CRM sowie das
Energiedatenmanagement-System der Firma Wilken Xxx, vollständig in das
System zu integrieren. Wilken ENER:GY bietet drei verschiedene Formen der
Trennung zwischen Netz und Vertrieb an. Das „Ein-Vertragsmodell", das „Zwei-
Vertragsmodell" sowie das „Mehrmandantenmodell" bzw. „Mehrsystemmodell",
welches den höchsten Grad an Unbundlingkonformität erreicht.
Alle drei Systeme sind vollständig unbundlingkonform und erfüllen laut Wilken alle
Auflagen und Vorgaben der Bundesnetzagentur.

---

[23] Vgl. http://www2.siv.de/Daten_Fakten.115.html, Stand 01.12.2008.
[24] http://www2.siv.de/kVASy_Billing.199.html, Stand 01.12.2008.
[25] Vgl. Wilken GmbH Unternehmensbroschüre.pdf, (2008), S. 2, S. 6.

15

5. Fazit

Veränderungen sind Herausforderungen und Chancen zugleich. Wenn die XXX weiterhin profitabel wachsen möchte, ist ein zukunftsträchtiges System in dem man Geschäftsabläufe ebenso flexibel wie zeitnah auf neue Marktanforderungen anpassen kann, ein wichtiger Baustein um das Ziel zu erreichen.

Die XXX hat sich nach einem langen und sorgfältigen Auswahlprozess Anfang Dezember 2008 für das System ENER:GY von der Firma Wilken Xxx entschieden. Unbundlingkonformität ist der XXX heute und in Zukunft wichtig. Aus diesem Grund wird das „Mehrmandantenmodell" angeschafft. Der Vorteil von diesem Modell ist, dass ein zusätzlicher dritter Mandant, wie z.b. der „Mandant XXX Messstellenbetrieb", später ohne großen Aufwand angelegt werden kann. Der Projektstart war bereits im Januar 2009. Die Migration der SAP IS-U Daten sollen ab März 2009 erfolgen. Ende 2009 soll ENER:GY produktiv gehen.

Von Wilken ENER:GY wird die XXX das Modul Verbrauchsabrechnung, Nebenbuchhaltung und Electronic Banking inkl. der Energiedatenmanagement (EDM) - Schnittstelle BelVis für Strom und Gas kaufen. In Zusammenarbeit mit dem Produkt „inubit" von der Firma inubit AG ermöglicht ENER:GY u.a. eine Schnittstelle zum Hauptbuch im SAP-System, eine XML-Schnittstelle sowie den Datenaustausch gemäß GPKE Strom und GeLi Gas.

Das Zusatzmodul „KundenInformationsCockpit" kurz „KIC" ist eine einfache CRM-Lösung und soll ebenfalls bis Ende 2009 angeschafft und implementiert werden. Die smarte CRM-Lösung von Wilken ist eine reduzierte CRM-Lösung für Energieversorger, die von der Organisation des Hausanschlusses bis hin zur Ansicht der Energieabrechnung die ganze Bandbreite der wichtigen Aufgaben beinhalten. Die EDM-Schnittstelle wird über „BelVis EDM STROM" und „BelVis EDM GAS" von der Firma Kisters AG realisiert. Ebenso werden die Zusatzmodule „Kundenserviceportal" und „E-Marketing" eingeführt. Über das Wilken Kundenserviceportal kann der Kunde rund um die Uhr persönliche Daten ändern oder seinen aktuellen Zählerstand online mitteilen. Über „E-Marketing" ist es möglich, Verträge online abzuschließen oder zu verändern.

Wilken ENER:GY bietet eine Reihe von sogenannten Workflowagenten, die die Mitarbeiter durch ihre zu bearbeitenden Prozesse führen sollen. Somit ist eine hohe Automatisierung der täglichen Prozesse möglich. Hierdurch lassen sich Arbeitsschritte genau planen und Ressourcen optimal nutzen.

16

Der lange Auswahlprozess, der im März 2008 begann, war notwendig um eine hohe Sicherheit bei der endgültigen Systementscheidung zu haben. Der positive Effekt der Verhandlung mit den beiden potentiellen Anbietern, bedeutet eine Kosteneinsparung bei der Systemumstellung in sechsstelliger Höhe im Vergleich zum Angebot vom Juli 2008.

Funktional unterscheiden sich die beiden Systeme kVASy® und ENER:GY nach Aussage des Projektleiters zur Systemauswahl der XXX kaum. Das Angebot von Wilken für ihr Produkt ENER:GY ist jedoch günstiger als das Angebot der SIV AG für kVASy®. Außerdem bevorzugen die beteiligten Mitarbeiter der XXX, die ab 2009 mit dem neuen System arbeiten sollen, ENER:GY einstimmig. Auch die Nähe zum Hauptsitz der Firma Wilken in Ulm, brachte dem System ENER:GY einen weiteren Pluspunkt ein.

Neben dem Preis, der Beurteilung der Mitarbeiter und der Nähe zum Hauptsitz hat bei der endgültigen Entscheidung, ebenso der Einsatz von Wilken ENER:GY bei anderen Stadtwerken, mit denen die XXX in einer Reihe von Projekten, Dienstleistungen und Beteiligungen zusammen arbeitet dazu beigetragen, dass sich die XXX für ENER:GY entschieden haben.

Die Xxx Xxx hofft, die richtige Entscheidung getroffen zu haben, um auch in Zukunft ein starkes regionales Energieversorgungsunternehmen zu sein, das dem immer härter werdenden Wettbewerb gewachsen ist.

17

Anhang und Anlagen

Abbildung 1 entfernt!

Energieversorgungsunternehmen

Sind natürliche oder juristische Personen, die Energie an andere liefern, ein Energieversorgungsnetz betreiben oder an einem Energieversorgungsnetz als Eigentümer Verfügungsbefugnis besitzen.

Im Elektrizitätsbereich

Vertikal integrierte Elektrizitätsversorgungsunternehmen sind Unternehmen (oder eine Gruppe von Unternehmen), die mindestens eine der Funktionen **Übertragung** *oder* **Verteilung** *und* mindestens eine der Funktionen **Erzeugung** *oder* **Vertrieb** von Elektrizität wahrnehmen.

Im Erdgasbereich

Vertikal integrierte Gasversorgungsunternehmen sind Unternehmen (oder eine Gruppe von Unternehmen), die mindestens eine der Funktionen **Fernleitung, Verteilung, Betrieb einer LNG-Anlage** *oder* **Speicherung** *und* mindestens eine der Funktionen **Gewinnung** *oder* **Vertrieb** von Erdgas wahrnehmen.

In Anlehnung an: Beisheim, C.-E. (2006), S. 31.
Abbildung 3: Begriffsbestimmung „vertikal integrierte EVU".

18

Ein-Vertragsmodell

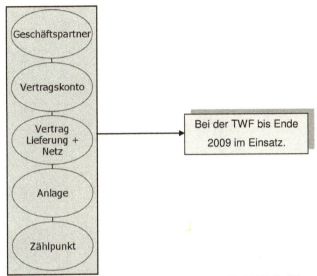

Quelle: Entnommen aus: Beisheim, C.-E., Edelmann, H., (2006), S. 152.
Abbildung 4: „Ein-Vertragsmodell"

Zwei-Vertragsmodell

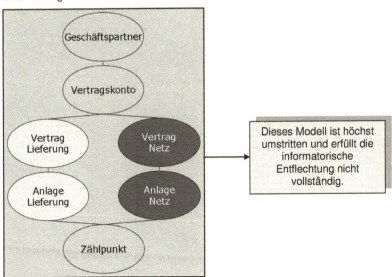

In Anlehnung an: Beisheim, C.-E., Edelmann, H., (2006), S. 153.
Abbildung 5: „Zwei-Vertragsmodell"

19

Zwei-Mandanten- / Systemmodell

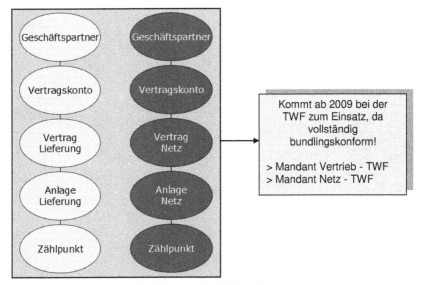

In Anlehnung an: Beisheim, C.-E., Edelmann, H., (2006), S. 156.
Abbildung 6: „Zwei-Mandanten- / Systemmodell"

Wilken ENER:GY

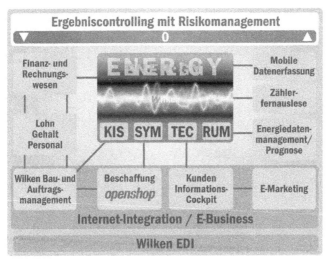

Quelle: Entnommen aus: Wilken Xxx Energy Broschüre.pdf, Stand 02.12.2008
Abbildung 7: „Wilken ENER:GY"

20

Literaturverzeichnis

Abts, D., Mülder, W. (2002): Grundkurs Wirtschaftsinformatik: Eine kompakte und praxisorienterte Einführung, 4. Aufl., Wiesbaden 2002

Beisheim, C.-E., Edelmann, H. (Hrsg.) (2006): Unbundling – Handlungsspielräume und Optionen für die Entflechtung von EVU, Frankfurt / Berlin / Heidelberg 2006

Hansen, H.-R., Neumann, G. (2005): Wirtschaftsinformatik 2, Informationstechnik, 9. Aufl., Stuttgart 2005

Kahlhöfer, S. (2008): SAP auf einen Blick, Walldorf 2008

Köhler-Frost, W., Köhler-Schute, C. (2004): IT-Dienstleister in der Energiewirtschaft, Berlin 2004

Köhler-Frost, W., Köhler-Schute, C. (2004): Moderne Billing-Systeme für Energiewirtschaft: Eine Software-Analyse vor dem Hintergrund des Unbundling, Berlin 2004

SAP AG (2008): SAP-Geschäftsbericht 2007, Walldorf 2008

Wilken Xxx, (2008): Wilken Komplettlösung für Energieversorger, Ulm 2008

Wilken Gruppe, (2008): Unternehmensportrait Wilken Gruppe, Ulm 2008

21

Bundesnetzagentur für Elektrizität, Gas, Telekommunikation, Post und Eisen-bahnen (2008): Aufgaben der Bundesnetzagentur, <http://www.bundesnetzagentur.de/enid/856f2c39f2407426c4111b6e2cbce677,0/U eber_die_Agentur/Aufgaben_30.html>, Stand 07.10.2008.

ERP-Workshop (2008): Grundlagen von ERP-Systemen, <http://einkauf.oesterreich.___com/ERP_Workshop_20070307/workshop/20.htm>, Stand 08.10.2008.

I12 Xxx (2008): Studie, Unternehmensberatung: Unbundling kostet Energie-wirtschaft 300 Millionen Euro <http://www.strom-magazin.de/strommarkt/unternehmensberatung-unbundlung-kostet-energiewirtschaft-300-millionen-euro_10721.html>, Stand 23.01.2004.

SAP Deutschland AG & CO. KG (2008): SAP – Von Walldorf an die Wallstreet. Eine Erfolgsgeschicht, <http://www1.sap.com/germany/about/index.epx>, Stand 08.10.2008.

SIV.AG (2008): Daten und Fakten zum Unternehmen, Unternehmensentwicklung, <http://www2.siv.de/Daten_Fakten.115.html>, Stand 01.12.2008.

SIV.AG (2008): kVASy-Billing, < http://www2.siv.de/kVASy_Billing.199.html>, Stand 01.12.2008.

Wirtschaftsministerium Baden-Württemberg (2008): Wir über uns, <http://www.wm.baden-wuerttemberg.de/wir-ueber-uns/101970.html>, Stand 07.10.2008.